Neue Papiermasken

Nicht nur zur Faschingszeit sind unsere Masken aktuell – sie sind auch ein Hit an jedem Kindergeburtstag!

Ein mystischer Zauberer, die undurchsichtige Schneeeule, der Froschkönig, eine Haremsdame und viele weitere Motive lassen Kinderträume schnell wahr werden.

Alle unsere fantasievollen Masken sind leicht nachzuarbeiten und mit einem schlichten T-Shirt kombiniert schon eine komplette Verkleidung.

Viel Spaß beim Basteln, Verkleiden und Feiern wünschen Ihnen

Martina Schröder Marion Vogel

Die Motive lassen sich in folgende Schwierigkeitsgrade unterteilen:

● ○ ○ einfach ● ● ○ etwas schwieriger ● ● ● anspruchsvoll

IHRE GRUND-AUSSTATTUNG

- Tonpapier in Weiß, 80g/qm, oder Schreibmaschinenpapier
- Fotokarton
- Moosgummireste
- Bleistift und Radiergummi
- Schere
- Cutter mit Schneideunterlage
- grobes Baumwolltuch
- wasserfester Stift in Schwarz
- Ölkreide
- Wachsmalstifte
- Schulkreide
- Hutgummi in Schwarz
- Alleskleber, z. B. von UHU
- Heißkleber
- Stopfnadel

So wird's gemacht

Schablonen für die Masken

Alle Teile der Maske mit dem Schreibmaschinen- oder Tonpapier ohne Überschneidungen vom Vorlagenbogen abpausen, sorgfältig ausschneiden und schon sind die Schablonen fertig! Die Schablone auf das gewünschte Material legen, die Umrisse mit dem Bleistift nachziehen und alles ausschneiden. Die Teile gemäß Vorlage und Abbildung zusammenkleben.

Schattieren der Masken

Die Fotokartonmasken lassen sich mit Ölkreide, Wachsmalstiften oder Schulkreide schnell und einfach in tolle Fantasiemasken verzaubern. Einfach ein grobes Baumwolltuch über den Zeigefinger legen und damit mehrmals über die Ölkreide (Wachsmalstifte) wischen. Jetzt kann die Kreide direkt auf den Fotokarton gerieben werden. So entstehen Schattierungen, je nachdem mal mehr, mal weniger. Hierbei kommt es auf die Menge der Farbe an. Die Zierlinien werden gleich aufgetragen. Mit Schulkreide direkt auf die Maske malen und dann alles mit dem Finger verreiben.

Hutgummi befestigen

Variante 1, sichtbar:

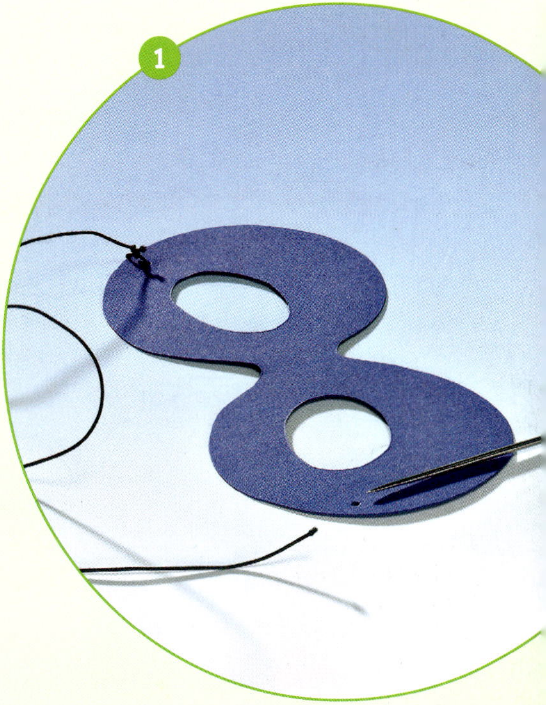

Die Löcher mit der Stopfnadel in der Maske vorstechen, das Hutgummi einziehen und die erste Seite verknoten. Nun die Länge des Hutgummis durch Anpassen der Maske am Kopf feststellen, das Gummi entsprechend zuschneiden, das zweite Ende einziehen und ebenfalls verknoten.

Variante 2, verdeckt:

Zwei Moosgummiquadrate (ca. 1 cm x 1 cm) zuschneiden, mithilfe einer Nadel das Hutgummi durchfädeln, an das erste Quadrat einen dicken Knoten legen und dieses auf der Rückseite der Maske fixieren. Nun die Länge des Hutgummis durch Anpassen der Maske am Kopf feststellen, das Gummi zuschneiden, das andere Ende in das zweite Quadrat einknoten und dieses ebenfalls auf die Rückseite kleben.

Zirkusfieber

→ kunterbunter Clown

MATERIAL

- Fotokarton in Weiß, A4
- Fotokarton in Rot und Schwarz, A5
- Fotokartonreste in Gelb, Orange, Hellgrün und Blau
- Langhaarplüschrest in Kupfer
- Chenilledraht in Rot, 15 cm lang
- Glitzerstift in Gold
- Ölkreide in Weiß, Orange, Rot und Schwarz
- Hutgummi in Schwarz, ca. 45 cm lang

VORLAGENBOGEN 1A

1 Die zugeschnittenen Maskenteile mit der Ölkreide schattieren (vgl. Seite 2), mit dem Glitzerstift die Zierlinien aufbringen und trocknen lassen.

2 Die Augenlider mithilfe eines dicken Stiftes oben leicht nach außen wölben und nur rund um die Augenöffnung ankleben. Ebenso den Mund, die Nase und den Hut wölben und montieren. Die Nase nur unten auf den Mund kleben.

3 Den Chenilledraht über einen Stift spiralförmig aufdrehen und leicht auseinander ziehen. Die Blume aufkleben und den Chenilledraht hinter dem Hut anbringen. Den Langhaarplüsch seitlich um die Kanten kleben, evtl. etwas einkürzen.

4 Das Hutgummi ergänzen (siehe Seite 3).

Süßer Bär und kleiner Tiger

→ wilde Kreaturen

MATERIAL

BÄR

- Fotokarton in Gelb, A4
- Fotokartonrest in Schwarz
- Krepppapierrest in Gelb, 8 cm x 20 cm
- Bindedraht, ø 0,25 mm
- Kreide in Weiß und Orange
- Hutgummi in Schwarz, ca. 45 cm lang

TIGER

- Fotokarton in Orange und Gelb, A4
- Fotokartonrest in Rosa
- Krepppapierreste in Orange und Schwarz, je 8 cm x 20 cm
- Papierdraht in Schwarz, ø 2 mm, 72 cm (6 x 12 cm) lang
- Bindedraht, ø 0,25 mm
- Kreide in Rot und Schwarz
- Hutgummi in Schwarz, ca. 45 cm lang

VORLAGENBOGEN 1A

Bär

1 Die zugeschnittenen Maskenteile schattieren (vgl. Seite 2), die Augenbrauen, den Mund und die Konturen an den Ohren mit einem schwarzen Stift aufmalen. Die gelbe Nase mithilfe eines Stiftes wölben, auf dem Gesicht platzieren und die schwarze Nasenspitze aufkleben. Den Lichtpunkt auf der Nase ergänzen.

2 Die Ohren ebenfalls wölben und hinter dem Kopf anbringen. Einen Streifen Krepppapier fransig einschneiden, aufrollen, mit Draht zusammenfassen und als Haarschopf von hinten befestigen.

3 Das Hutgummi anbringen (siehe Seite 3).

Tiger

1 Die zugeschnittenen Maskenteile schattieren (vgl. Seite 2) und die Zierlinien mit einem schwarzen Stift aufmalen. Die Ohren und das gelbe Gesichtsfeld anbringen. Die Schnauze mithilfe eines dicken Stiftes wölben und nur die Seiten auf der Maske fixieren. Die runde Nase darauf setzen.

2 An der Schnauze mit einer dicken Nadel sechs Löcher vorstechen, je ein 12 cm langes Stück Papierdraht einziehen und rückseitig festkleben. Die Enden mithilfe eines dünnen Stiftes zur Spirale drehen. Die Krepppapierstreifen fransig einschneiden, übereinander legen, aufrollen und mit Draht zusammenfassen. Den so entstandenen Haarschopf hinter die Maske kleben.

3 Das Hutgummi anbringen (siehe Seite 3).

Lotte Langbein

→ frech und keck

MATERIAL

- Fotokarton in Haut, A4
- Rolle Krepppapier in Orange
- Kreide in Rot
- Bindedraht, ø 0,25 mm
- Hutgummi in Schwarz, ca. 45 cm lang

VORLAGENBOGEN 2A

1 Die zugeschnittenen Einzelteile schattieren (vgl. Seite 2). Die Zierlinien und die Sommersprossen mit einem schwarzen Stift aufmalen. Die Ohren seitlich von hinten an der Maske anbringen. Mithilfe eines dicken Stiftes die Nase wölben und nur an den Seiten auf der Maske fixieren.

2 Von der Krepppapierrolle 2 m abschneiden, diese locker zu einem 50 cm langen Strang aufrollen und mittig mit Draht zusammenfassen. Nun jede Seite zweimal 12 cm tief einschneiden, die jeweils drei Stränge zum Zopf flechten und die Enden mit Draht zusammenhalten.

3 Für den Pony aus dem restlichen Krepppapier vier Streifen (9 cm x 30 cm) zuschneiden, an der langen Seite in Fransen schneiden und von hinten vierlagig an der Maske anbringen. Beim Aufkleben das Krepppapier etwas zusammenraffen. Den Zopfstrang dahinter fixieren.

4 Das Hutgummi festkleben (siehe Seite 3).

Märchenhafte Gestalten

→ Fantasievogel und Froschkönig

MATERIAL FANTASIEVOGEL

- Fotokarton in Orange und Blau, A4
- Fotokartonreste in Weiß, Gelb, Hellgrün und Schwarz
- 3 Indianerfedern, ca. 12 cm lang
- Ölkreide in Weiß, Rot und Grün
- Hutgummi in Schwarz, ca. 45 cm lang

FROSCHKÖNIG

- Fotokarton in Grün, A4
- Fotokartonreste in Weiß und Gold
- Abstandsklebeband, 5 mm stark
- Hologrammflitter in Gold
- Glitzerstift in Gold
- Ölkreide in Weiß, Hellgrün und Dunkelgrün
- Hutgummi in Schwarz, ca. 45 cm lang

VORLAGENBOGEN 1B

Fantasievogel

1 Alle zugeschnittenen Maskenteile schattieren (vgl. Seite 2). Die Augenringe mithilfe eines dicken Stiftes wölben und in entsprechender Reihenfolge nur um die Augenöffnung aufkleben. Nun die Augenbrauen und die Federn anbringen.

2 Die Schnabelteile wölben und das breitere Teil ebenfalls gewölbt auf der Maske fixieren. Das lange Schnabelteil nur mit den seitlichen Falzlaschen aufkleben.

3 Das Hutgummi festkleben (siehe Seite 3).

Froschkönig

1 Alle Maskenteile zuschneiden und schattieren (vgl. Seite 2). Die Zierlinien auf der Krone mit dem Glitzerstift aufmalen, sofort mit etwas Hologrammflitter bestreuen und trocknen lassen.

2 Die Krone auf das „Brauenteil" setzen und mit Abstandsklebeband hinter die Maske kleben. Augenlider und Mundteil mithilfe eines dicken Stiftes wölben und aufkleben.

3 Das Hutgummi fixieren (siehe Seite 3).

Haremsdame Soraya

→ geheimnisvolle Schöne

MATERIAL

- Fotokarton in Silber, A4
- Wellpappe in Pink, A4
- Lampen-Vlies in Silber, 17 cm x 45 cm
- Chenilledraht in Silber, 45 cm lang
- 10 Strasstropfen in Silber, 6 mm x 9 mm
- Rundholz, ø 8 mm, 35 cm lang
- Glitzerstift in Silber
- Federschmetterling in Pink
- Acrylfarbe in Pink
- Pinsel

VORLAGENBOGEN 1A

1 Die beiden zugeschnittenen Maskenteile übereinander kleben und das Vlies von hinten am unteren Rand der Maske zusammengerafft fixieren. Nun mit dem Glitzerstift die Zierlinien und -punkte aufmalen und die Strasstropfen aufbringen.

2 Das Rundholz mit der Acrylfarbe in Pink grundieren, nach dem Trocknen mit dem Chenilledraht umwickeln und mit der Maske verbinden. Den Schmetterling auf der Maske platzieren.

3 Das Hutgummi anpassen und festkleben (siehe Seite 3).

Außerirdischer

→ einfach spacy

MATERIAL
- Fotokarton in Blau, A4
- Fotokarton in Silber, A5
- Fotokartonreste in Weiß
- Regenbogenkartonreste in Hell- und Dunkelblauverlauf
- Abstandsklebeband, 2 mm und 5 mm stark
- Glitzerstift in Silber
- Ölkreide in Weiß
- Hutgummi in Schwarz, ca. 45 cm lang

VORLAGENBOGEN 3A

1 Die zugeschnittenen Maskenteile schattieren (vgl. Seite 2). Dafür das silberfarbene Mittelteil auf die blaue Maske legen, mit einem Bleistift leicht umranden und dort den weißen Schatten aufreiben. Den Glitzerstift auftragen und trocknen lassen.

2 Die beiden Nasenteile mithilfe eines dicken Stifts wölben. Die Zähne von hinten an dem silberfarbenen Teil fixieren und dieses dann mit Heißkleber so aufkleben, dass der Nasensteg ca. 1,5 cm vorsteht.

3 Das blaue Nasenteil mit dem stärkeren und die ovalen Zierteile mit dem dünneren Abstandsklebeband montieren.

4 Das Hutgummi befestigen (siehe Seite 3).

Gruselmonster

→ Dracula und Frankenstein

MATERIAL
DRACULA

- Fotokarton in Weiß und Schwarz, A4
- Fotokartonreste in Rot und Violett
- Abstandsklebeband, 5 mm stark
- Glitzerstift in Silber
- Ölkreide in Weiß, Violett und Schwarz
- Hutgummi in Schwarz, ca. 45 cm lang

FRANKENSTEIN

- Fotokarton in Grün, A4
- Fotokarton in Schwarz, A5
- Abstandsklebeband, 5 mm stark
- Ölkreide in Weiß, Grün und Schwarz
- Hutgummi in Schwarz, ca. 45 cm lang

VORLAGENBOGEN 2A

Dracula

1 Alle Maskenteile zuschneiden, die Zierlinien und Schattierungen (vgl. Seite 2) aufbringen und trocknen lassen.

2 Nase und Ohren mithilfe eines dicken Stiftes wölben. Die Nase nur an den Seiten fixieren.

3 Mit dem Abstandsklebeband das Hutband montieren und den Hut hinter den Kopf kleben. Den schwarzen Haarschopf ebenfalls auf Abstand anbringen.

4 Das Hutgummi anpassen und festkleben (siehe Seite 3).

Frankenstein

1 Alle Maskenteile zuschneiden und die Schattierungen (vgl. Seite 2) und Zierlinien aufbringen.

2 Die Ohren und die Nase mithilfe eines dicken Stiftes leicht wölben. Die Nase zwischen den Augen und an den Nasenflügeln leicht gewölbt aufkleben. Den Haarschopf mit dem Abstandsklebeband fixieren, die Koteletten jedoch flach ankleben.

3 Das Hutgummi befestigen (siehe Seite 3).

Sonnenschein & Regenwölkchen

→ ein süßes Paar

MATERIAL SONNE

- Fotokarton in Gelb, A4
- 3D-Wellpappe in Gelb, A4
- Krepppapierstreifen in Orange, 12 cm x 100 cm lang
- 10 Chenilledrahtstücke in Gelb, 16 cm lang
- Glitzerstift in Gold
- Kreide in Orange
- Zackenschere
- Hutgummi in Schwarz, ca. 45 cm lang

REGENWOLKE

- Fotokarton in Weiß, A4
- Fotokarton in Gelb, A5
- 3D-Wellpappe in Gelb, A5
- Glitzerstift in Silber
- Kreide in Gelb, Orange, Rosa, Hellgrün, Blau und Türkis
- Hutgummi in Schwarz, ca. 45 cm lang

VORLAGENBOGEN 2B

Sonne

1 Alle Maskenteile zuschneiden, schattieren (vgl. Seite 2) und die Zierlinien mit dem Glitzerstift aufbringen. Die Außenkonturen gleich mit dem Finger etwas nach innen verwischen.

2 Nach dem Trocknen die Nase mithilfe eines dicken Stiftes wölben und nur die Seiten auf der Sonne fixieren. Die Chenilledrahtstücke zur Hälfte um einen Stift zur Spirale drehen und die glatte Seite hinter den Zackenrand der Sonne kleben.

3 Den Krepppapierstreifen mit der Zackenschere in Zacken schneiden und gerafft von hinten am Außenrand der Sonne anbringen.

4 Das Hutgummi anpassen und festkleben (siehe Seite 3).

Regenwolke

1 Alle Maskenteile zuschneiden, den Regenbogen mit der Kreide aufmalen, die weiteren Teile schattieren (vgl. Seite 2) und die Zierlinien und Punkte mit dem Glitzerstift auftragen.

2 Nach dem Trocknen die Nase mithilfe eines dicken Stiftes wölben und nur seitlich auf der großen Wolke fixieren. Alle Teile zusammenfügen.

3 Das Hutgummi befestigen (siehe Seite 3).

Pirat und Kobold

→ freche Kerle

MATERIAL PIRAT

- Fotokarton in Schwarz und Aprikose, A4
- Fotokartonreste in Weiß, Rot und Gelb
- Filz- oder Lederrest in Schwarz (Augenklappe)
- Kreide in Weiß, Orange und Schwarz
- Hutgummi in Schwarz, ca. 45 cm lang

KOBOLD

- Fotokarton in Aprikose und Rot, A4
- Fotokartonreste in Weiß, Orange und Schwarz
- Ölkreide in Weiß, Orange, Rot und Schwarz
- Viskosebastrest in Gelb
- Bindedraht, ø 0,25 mm
- Abstandsklebeband, 5 mm stark
- Hutgummi in Schwarz, ca. 45 cm lang

VORLAGEN-BOGEN 3A

Pirat

1 Die zugeschnittenen Maskenteile schattieren (vgl. Seite 2) und die Zierlinien mit einem schwarzen Stift aufbringen.

2 Die Teile zusammenkleben. Dabei die Nase mithilfe eines dicken Stiftes wölben und nur die Seiten auf dem Gesicht fixieren. Die Augenklappe nur unter dem roten Teil ankleben, so kann diese beliebig hochgeklappt werden.

3 Das Hutgummi abmessen und befestigen (siehe Seite 3).

Kobold

1 Alle Maskenteile zuschneiden, schattieren (vgl. Seite 2) und die Zierlinien mit einem schwarzen Stift aufbringen.

2 Das obere Stück der weißen Augenteile und die Nase mithilfe eines dicken Stiftes wölben und aufkleben. Die Nase mit dem Abstandsklebeband etwas erhöht fixieren.

3 Den Bast auf etwa 7 cm zu einem Bündel legen und ein Ende mit Draht eng zusammenfassen. Breit gefächert als Schopf hinter die Mütze kleben und auf dem Gesicht fixieren, eventuell die Ponyfransen etwas einkürzen.

4 Das Hutgummi anpassen und festkleben (siehe Seite 3).

Zauberer und Schneeeule

→ für magische Träume

MATERIAL ZAUBERER

- Fotokarton in Aprikose, A4
- Glanzkarton in Blau, A4
- Glitzerstift in Gold
- Langhaarplüsch in Weiß, 2,5 cm x 21 cm und 2 x 2,5 cm x 4 cm
- Kreide in Rot
- Hutgummi in Schwarz, ca. 45 cm lang

SCHNEEEULE

- Fotokarton in Weiß, A4
- Fotokartonreste in Hellblau und Schwarz
- Regenbogenkartonrest in Rot-Orange-Verlauf
- Abstandsklebeband, 2 mm stark
- Ölkreide in Weiß und Schwarz
- Hutgummi in Schwarz, ca. 45 cm lang

VORLAGEN-BOGEN 3B

Zauberer

1 Alle Maskenteile zuschneiden, das Gesicht schattieren (vgl. Seite 2) und die Zierlinien mit einem schwarzen Stift aufbringen. Die Augenkontur, den Nasenpunkt sowie die unterschiedlich großen Punkte auf Hut und Krempe mit dem Glitzerstift auftragen und trocknen lassen.

2 Mithilfe eines dicken Stiftes die Nase stark wölben und nur an den Seiten auf das Gesicht kleben. Beidseitig unter den Nasenflügel die kleinen Bartstücke aus Langhaarplüsch fixieren. Den größeren Streifen Langhaarplüsch der Länge nach überschlagen (1,25 cm hoch), verkleben und als Pony aufkleben. Den Hut von hinten anbringen und die Krempe etwas auf den Pony setzen.

3 Das Hutgummi anpassen und festkleben (siehe Seite 3).

Schneeeule

1 Alle Maskenteile zuschneiden, die Augenbrauen aufmalen und den Schnabel schattieren (vgl. Seite 2).

2 Den Schnabel mithilfe eines dicken Stiftes wölben und nur an den Seiten auf der Maske fixieren.

3 Die Ränder der schwarzen Augenringe rundherum in feine Fransen schneiden und aufkleben. Die weißen Ringe mit Abstandsklebeband darauf setzen. Die blauen Ringe und die schwarzen Zierteile abschließend mit viel Heißkleber fixieren (siehe Tipp).

4 Das Hutgummi befestigen (siehe Seite 3).

Tipp: Um eine leichte 3D-Wirkung auch ohne Abstandsklebeband zu erzielen, tragen Sie etwas mehr Heißkleber auf und lassen diesen einen Moment abkühlen. Nun setzen Sie die Teile mit wenig Druck zusammen.

Frecher Hund, kecker Hase

→ schnell gemacht

MATERIAL

HUND

- Fotokarton in Hellbraun, A3
- Fotokarton in Weiß und Aprikose, A5
- Fotokartonreste in Rot, Dunkelbraun und Schwarz
- Ölkreide in Weiß, Braun und Schwarz
- Hutgummi in Schwarz, ca. 45 cm lang

HASE

- Fotokarton in Hellbraun und Aprikose, A4
- Fotokartonrest in Weiß
- Regenbogenkartonrest in Gelb-Rot-Verlauf
- Langhaarplüschrest in Kupfer
- Abstandsklebeband, 2 mm stark
- Ölkreide in Weiß und Braun
- Hutgummi in Schwarz, ca. 45 cm lang

VORLAGENBOGEN 4A

Hund

1 Alle Maskenteile zuschneiden und die Schattierungen aufbringen (vgl. Seite 2).

2 Das Schnauzenteil mithilfe eines dicken Stiftes wölben und so auf der Maske fixieren. Nun Augenring, Zunge und Ohrenteile aufkleben. Nase und Knochenteile ebenfalls wölben und entsprechend montieren.

3 Das Hutgummi anpassen und festkleben (siehe Seite 3).

Hase

1 Alle Maskenteile zuschneiden und die Schattierungen aufbringen (vgl. Seite 2). Die Zähne auf die Maske kleben.

2 Das Schnauzenteil mithilfe eines dicken Stiftes wölben und so auf der Maske fixieren. Nase und Haarschopf anbringen. Die hellen Ohrenspitzen mit dem Abstandsklebeband montieren und die Ohren von hinten anbringen.

3 Das Hutgummi anpassen und festkleben (siehe Seite 3).

Schweinchen und Esel

→ Bauernhoftiere

MATERIAL SCHWEINCHEN

- Fotokarton in Rosa, A3
- Glitzerstift in Fuchsia
- Kreide in Rot
- Hutgummi in Schwarz, ca. 45 cm lang

ESEL

- Fotokarton in Hellgrau, A4
- Fotokarton in Weiß, A5
- Langhaarplüschrest in Grau meliert
- Kreide in Weiß, Rosa und Schwarz
- Hutgummi in Schwarz, ca. 45 cm lang

VORLAGENBOGEN 2B+4B

Schweinchen

1 Alle Maskenteile zuschneiden und mit der roten Kreide schattieren (vgl. Seite 2). Die Zierlinien mit dem Glitzerstift aufbringen und trocknen lassen.

2 Die Ohren gemäß Vorlage einschneiden, am Kopf anbringen und die Ohrspitzen nach außen formen. Die Nase mithilfe eines dicken Stiftes wölben und nur seitlich über dem Nasenausschnitt der Maske fixieren. Die ovale Nasenspitze flach darauf setzen.

3 Das Hutgummi anpassen und festkleben (siehe Seite 3).

Esel

1 Alle Maskenteile zuschneiden, schattieren (vgl. Seite 2) und die Nüstern mit einem schwarzen Stift aufmalen.

2 Die Ohren nach Vorlage einschneiden und die beiden Enden übereinander kleben. Die nun gewölbten Ohren vorn am Kopf anbringen. Das weiße Schnauzenteil mithilfe eines dicken Stiftes wölben und aufkleben. Den Langhaarplüsch zwischen den Ohren platzieren und zur Rückseite umkleben.

3 Das Hutgummi befestigen (siehe Seite 3).

Zauberhafter Traumfalter

→ pink und glitzernd

MATERIAL

- Fotokarton in Weiß, A4
- Fotokartonrest in Rot-Weiß kariert
- Batikpapier in Pink, A4
- 17 Strassblumen in Pink und Violett, ø 1 cm
- Aludraht in Silber, ø 1 mm, 2 x 20 cm lang
- 2 Holzperlen in Rosa, ø 8 mm
- Abstandsklebeband, 5 mm stark
- Buntstift in Rot
- Glitzerstift in Gold
- Ölkreide in Pink
- Hutgummi in Schwarz, ca. 45 cm lang

VORLAGENBOGEN 3 B

1 Alle Maskenteile zuschneiden und die Schattierungen und Zierlinien aufmalen (vgl. Seite 2). Die Teile trocknen lassen. Mund und Nase mit dem roten Buntstift aufmalen.

2 Das Batikpapier nur seitlich am Körper aufkleben, unterhalb der Flügel wölben und so mit Abstandsklebeband fixieren. Die Herzen leicht nach oben wölben und nur mit der Mitte aufkleben.

3 Den Aludraht um den Buntstift zur Spirale drehen und leicht auseinander ziehen. Die Holzperlen auf die Enden kleben und die Fühler hinter dem Kopf fixieren. Nun noch die Strassblumen aufbringen.

4 Das Hutgummi anpassen und festkleben (siehe Seite 3).

Kleiner Drache

→ ganz schön feurig

MATERIAL
- Regenbogenkarton in Grün-Blau-Verlauf, A3
- Fotokartonrest in Weiß
- Regenbogenkartonrest in Rot-Orange-Verlauf
- 12 Strasssteine in Gelb, ø 5 mm
- Glitzerstift in Gold
- Ölkreide in Grün und Schwarz
- Hutgummi in Schwarz, ca. 45 cm lang

VORLAGENBOGEN 4B

1 Alle Maskenteile zuschneiden und die Schattierungen (vgl. Seite 2) und Zierlinien auftragen. Alles trocknen lassen.

2 Die Rauchwolken und das Schnauzenteil mithilfe eines dicken Stiftes wölben und dann auf das Maskenteil bringen. Die Ohren, den Haarschopf, die Zunge und die Zähne ebenfalls fixieren.

3 Das Hutgummi anpassen und festkleben (siehe Seite 3).

Spinne

→ Ihhhhhhhhh!

MATERIAL
- Fotokarton in Schwarz und Violett, A4
- ½ teilbare Kunststoffkugel, ø 6 cm
- 2 Wattekugeln, ø 2 cm
- Chenilledraht in Violett, 8 x 7 cm lang und 16 x 3 cm lang
- 2 ovale Wackelaugen, 15 mm x 10 mm
- 4 ovale Wackelaugen, 6 mm x 5 mm
- Glitzerstift in Silber
- Gelstift in Silber
- Acrylfarbe in Schwarz
- Pinsel
- Hutgummi in Schwarz, ca. 45 cm lang

VORLAGENBOGEN 1B

WEITERFÜHRUNG

Spinne

1 Die zugeschnittenen Maskenteile aufeinander kleben, das Spinnennetz mit dem Glitzerstift auftragen und trocknen lassen. Die Wattekugeln und die Kunststoffkugelhälfte mit der schwarzen Farbe grundieren. Nach dem Trocknen die Zierlinien mit Glitzerstift und Gelstift aufmalen und trocknen lassen.

2 Bei den Wattekugeln mit einer Nadel Löcher für die Chenilledrahtbeine vorstechen und an jeder Seite vier Beine einkleben. Bei der Kunststoffkugel den Chenilledraht einfach unter die Kugelhälfte kleben.

3 Abschließend die Wackelaugen aufkleben, die große Spinne über dem Nasenausschnitt und die kleinen Spinnen auf dem Spinnennetz platzieren.

4 Das Hutgummi anpassen und festkleben (siehe Seite 3).

DIESES BUCH ENTHÄLT 4 VORLAGENBOGEN

IMPRESSUM

FOTOS: frechverlag GmbH, 70499 Stuttgart; Fotostudio Ullrich & Co., Renningen
DRUCK: frechdruck GmbH, 70499 Stuttgart

Auflage: 5. 4. 3. 2. 1.
Jahr: 2010 2009 2008 2007 2006 [Letzte Zahlen maßgebend]

ISBN 10: 3-7724-3557-2
ISBN 13: 978-3-7724-3557-7
Best.-Nr. 3557